AF227058

HAK-ERBI

La Tunisie qu'on ne voit pas

TROIS CENTS MILLIONS
VOLÉS AUX ARABES

Affaire de Kalaâ-Djerda

PRIX : **2** FRANCS

PARIS

Édité par le MONITEUR DES COLONIES
8, Rue Joubert, 8

En Vente à l'OFFICE CENTRAL DE LIBRAIRIE
7, Rue Saint-Benoît, 7

HAK-ERBI

La Tunisie qu'on ne voit pas

TROIS CENTS MILLIONS

VOLÉS AUX ARABES

Affaire de Kalaâ-Djerda

PRIX : **2** FRANCS

PARIS

Édité par le MONITEUR DES COLONIES
8, Rue Joubert, 8

En Vente à l'OFFICE CENTRAL DE LIBRAIRIE
7, Rue Saint-Benoît, 7

PRÉFACE

Voici trente ans que la France paraît se complaire à dilapider le magnifique héritage oriental qui s'accumulait depuis dix siècles grâce au génie politique des Charlemagne, Saint-Louis, François Ier et Napoléon. Elle contrecarre à plaisir la loi historique qui lui destine tout le grand littoral africain de Mogador au Sinaï ; elle renonce de gaîté de cœur à l'Égypte à l'heure psychologique, elle se rebelle contre la dure nécessité de s'enrichir de la Tunisie et se venge de ce triste sort en retardant la conquête du Maroc ! Et, pour accentuer son dépit, elle s'évertue à semer la rancœur parmi ce galant peuple arabe, qui avait placé en elle ses trésors d'espoirs, de vitalité et d'amour.

Il appartient aux Français clairvoyants, pénétrés du rôle passé et futur du monde musulman dans l'histoire de notre pays, à ceux que ne troublèrent pas les contingences rebutantes de l'expérience personnelle, d'appeler les esprits d'élite vers une notion plus lucide de notre mission.

La société arabe n'attend de la France que la justice et le respect de sa noble personnalité pour se livrer à nous sans réserve avec ses richesses, ses forces, son génie et ses territoires.

C'est précisément de la justice et du respect que nous la sevrons le plus.

Les faits relatés ci-après synthétisent le mépris du droit des hommes que nous pratiquons sur son sol.

En se décidant à les réprouver, on aura préservé la métropole elle-même de la contamination qui la menace par un choc en retour fatal, car les nations impuissantes à libérer leurs esclaves ne sont plus bonnes qu'à s'incorporer leur barbarie.

LA TUNISIE QU'ON NE VOIT PAS

Affaire de Kalaâ-Djerda

I

Le 26 juillet 1902, une sentence arbitrale rendue amiablement à la Résidence de Tunis, répartissait entre deux particuliers, MM. Bellot et Targe qui se les disputaient, les importants gisements de phosphates de *Kalaâ-Djerda*.

Aucun des deux n'y avait droit.

Ces gisements sont évalués, selon les uns, à 5 millions, selon d'autres, à 8 et même 10 millions de tonnes de phosphates de chaux à haute teneur (1).

Il y a acquéreur ferme à 1.200.000 francs au comptant et en espèces, plus 1 franc de redevance par tonne ; une autre offre de 1.600.000 francs, espèces et titres, avec la même redevance, a été faite.

Ces gisements, que se disputaient MM. Bellot et Targe, sont la propriété absolue, l'héritage d'une tribu d'environ 400 indigènes qui, à cette heure, parfaitement conscients de leur bon droit et de la valeur vénale de leur bien, en sont effectivement dépouillés.

Ils peuvent même l'être juridiquement, si une voix, soucieuse d'implanter notre conception de justice en nos possessions musulmanes, ne s'élève, au plus tôt, dans la métropole. Car, par de subtiles perfidies procédurières, les ravisseurs pourraient obtenir l'*immatriculation* des domaines conquis. Cette procédure est sans appel.

Comment, se demandera-t-on, à quarante-huit heures de Paris, sous l'œil même du Bey, du Résident général, une clownerie, accomplie avec un aussi rustique sans-gêne, peut-elle rester sans écho en France ?

---

(1) La quantité la plus généralement reconnue est de 10 millions, soit, au cours actuel, une valeur d'au moins 800 millions de francs, exploitable pendant cent ans

C'est que, depuis l'institution même du Protectorat, la Tunisie vit sous le régime du bon plaisir et de la torpeur morale (1). Toutes les issues vers la divulgation, sur place et en France, du système de corruption, d'exactions et de tyrannie, hérité des beys et en quoi se résume notre domination, sont soigneusement obstruées. Grâce à un mécanisme peu compliqué, la presse française de tous les partis est, consciemment ou non, embrigadée dans la conspiration du silence.

II

L'affaire de Kalaâ Djerda n'est ni nouvelle, ni accidentelle. Elle dure depuis dix ans. Elle synthétise une période d'histoire tunisienne, la grande lutte des Bleus des Verts de cette Byzance punique, la guerre des Deux Roses, le procès Tichborne, en un mot l'Affaire, qui divisa la colonie française en deux camps, et qui envahit la politique résidentielle au point de lui dicter, entre autres, la solution inique que nous dénonçons.

Les péripéties et les complications infinies qui embrouillent cette affaire se réduisent à une architecture fort simple.

Un M. Targe découvre *Kalaâ-Djerda* en 1894 (2).

Après s'être assuré de l'identité de ses propriétaires — des Arabes — il traite avec eux régulièrement. Ces indigènes sont une tribu héritière depuis 1680 d'un Sidi M'Hamed ben Khelifa.

Mais ce testateur avait stipulé que, en cas d'extinction éventuelle et parfaite de la descendance de ses héritiers, le domaine écherrait en toute propriété à la fondation pieuse des Biens Consacrés dite *Habous*, en français, *Biens Emprisonnés*.

Ces domaines ainsi consacrés à titre conditionnel, sont appelés *habous privés* par opposition aux *habous publics*, nom qu'ils prennent lorsque la déshérence les incorpore dans le domaine global de la Fondation.

Or chaque tribu héritière ou dévolutaire de ces *habous* privés et par suite inaliénables quant au fond, est placée, en vertu d'un décret beylical de 1876, sous la tutelle d'un administrateur (semblable à nos administrateurs de successions), pris dans son sein et que l'on appelle *mokaddem*, mot qui signifie exactement *administrateur*. Mais comme ce *mokaddem* pourrait, de connivence avec ses co-intéressés majeurs, frustrer les femmes, les mineurs ou les interdits, le décret le subordonne

---

(1) « La presse aurait pu tempérer la rigueur de l'absolutisme. La presse est maintenue sous l'empire d'un régime de compression presque absolu ». (Rapport Puech, *page* 26).

(2) C'est par respect de la vérité conventionnelle que nous concédons la priorité à Targe, car l'inventeur réel fut un M. Mercier.

au contrôle supérieur du chef religieux, le *cadi*, qui fonctionne comme tuteur des incapables avec droit de *veto*. C'est sage, moral et logique. Aussi M. Targe ne se fit-il pas faute de traiter d'abord avec le *mokaddem*, puis de soumettre son contrat à la ratification du *cadi*. Voilà le plus long expliqué.

Franchissons vivement deux années de rivalités et d'intrigues pour arriver, en 1896, au fait qu'un M. Bellot, liquoriste à Tunis, convoite ces mêmes phosphates, à quoi il est subrepticement encouragé par le Résident d'alors M. Millet, lequel met au service des appétits de M. Bellot toute la puissance gouvernementale et judiciaire disponibles, afin de déposséder Targe par l'annulation de son contrat (1).

Bellot, aussi vigoureusement secondé, mais dépourvu de tout lien de droit avec Targe pour amorcer un procès, manœuvre tant et si bien qu'il fait accuser le *mokaddem* de concussion et le fait destituer. Puis, prenant son successeur sous sa coupe, il fait intenter par celui-ci à Targe un procès en nullité.

Bellot, bien entendu, en faisait les frais.

Le tribunal de Tunis, désarmé devant l'impeccable régularité du contrat de Targe, mais stylé par M. Millet, n'hésita pas. Ne pouvant même pas mésinterpréter la loi, il légiféra de toutes pièces et fort ingénieusement, en décidant que les deux signatures — *mokaddem* et *cadi* — étaient insuffisantes et qu'il en aurait fallu une troisième.

Laquelle ?

Celle de l'administration des Habous qui, le cas échéant, deviendrait héritière du domaine.

Cette doctrine, de tous points subversive, fut consacrée non seulement par la Cour d'appel d'Alger, le 9 mai 1898, mais encore par la Cour de Cassation à Paris, le 23 juillet 1901.

Disons toutefois, à la décharge de ces deux juridictions, qu'elles furent elles-mêmes victimes d'informations plus que sophistiquées, de la part de M. Millet, par une série de manœuvres renouvelées de la diplomatie papale du moyen-âge, et cela malgré le monument d'érudition et de jurisprudence musulmanes que constituait le rapport de M. le conseiller

---

(1) On n'a jamais déterminé exactement à quel mobile obéissait M. Millet. La vérité semble être qu'il en eut plusieurs, mais successifs. Car, au début, il offrit à Targe de lui procurer un capitaliste et, à cet effet, l'aboucha avec un sien parent, M. Clerc, que M. Targe trouva trop exigeant. Dans un autre ordre d'idées, M. Millet avait besoin de l'appui politique de M. Bellot. En outre, le Gouvernement était moralement engagé à protéger la *Compagnie des phosphates de Gafsa* contre toute concurrence, pour lui permettre d'amortir son chemin de fer de 250 kilomètres.

Le mobile le plus plausible est que M. Millet, partisan de la raison d'Etat, comptait déposséder les Arabes au profit d'une Société qui aurait assumé la construction d'une ligne de chemin de fer, laquelle coûte actuellement à l'Etat 14 millions.

Zeys à la Chambre des Requêtes, rapport qui concluait énergiquement à la validation du contrat Targe.

Quoi qu'il en soit, Targe fut définitivement dépossédé. Il n'a plus rien, il se résigne — juridiquement s'entend, car pour ne plus être que d'ordre historique et sentimental, ses droits n'en restent pas moins bruyants, surtout contre Bellot qui s'apprête à agripper sa succession.

Bellot exécutait deux mouvements convergents : faire évincer Targe par les Arabes, lier ces mêmes Arabes par un *contrat-cadenas* en prévision de cette éviction.

Celle-ci fut consommée, avons-nous dit, le 23 juillet 1901. Mais dès le 10 août 1896, soit cinq ans avant, Bellot achetait les mêmes phosphates aux mêmes Arabes, en réservant que la prise de possession était subordonnée à l'annulation du contrat Targe.

Mais, dira-t-on, comment le même *mokaddem* et le même *cadi*, qui avaient cependant régulièrement approuvé ce contrat Targe, ont-ils pu se contredire en en signant un second avec Bellot, le premier étant encore en vigueur ?

En effet, et c'est même de cette question préjudicielle que Bellot tomba victime.

D'abord, le *mokaddem* n'était plus, en 1896, le même qu'en 1894, puisque Bellot avait fait révoquer celui de Targe.

Ensuite, le *cadi*, qui avait cru sincèrement au fait de corruption et qui voulait en éviter le retour, avait remplacé ce *mokaddem*, non par un seul successeur, mais par deux, à qui il était interdit de négocier et de signer isolément.

Il arriva dès lors que Bellot traita avec l'un d'eux, mais ne put jamais obtenir la signature du second. Il n'avait donc virtuellement qu'un demi-*mokaddem*. Et comme il lui en fallait un complet pour être en mesure de solliciter le contre-seing du *cadi*, celui-ci ne fut même jamais appelé à le lui donner. Et comme, par surcroît, les tribunaux érigeaient entre temps la jurisprudence nouvelle de la nécessité du contre-seing supplémentaire de l'administration des *habous*, il se trouva que si Targe était forclos pour n'avoir eu que deux signatures sur trois requises, Bellot devait l'être à *fortiori* puisqu'il n'en n'avait ni trois, ni deux, ni même une entière.

Le contrat Targe était mort. Le contrat Bellot n'a jamais vécu.

Et la mise de fonds de Bellot en commandite de procédure s'enflait toujours.

Au lendemain de l'arrêt d'Alger, il fit signifier la sentence à tous les Arabes dévolutaires de Kalaâ-Djerda par copie spéciale aux hommes, aux femmes et aux enfants, soit en tout près de 400 illettrés — illettrés déjà en arabe. Le poids du papier bleu s'éleva à dix-huit kilos ; on les chargea sur un bourricot, lequel, promu clerc d'huissier, partit de Thala portant ses exploits vers Kalaâ-Djerda.

III

Bellot n'eut jamais la moindre illusion sur la validité de son contrat. N'avait-il pas l'appui de la Résidence qui suppléait à toutes ses lacunes ? Il avait pris une double précaution : ne jamais le produire et s'être fait confier l'expédition de ses partenaires qu'il a encore. Aussi, ce contrat n'a-t-il été vu pour la première fois que dans le cours de l'arbitrage. Il resta donc secret dans son coffre-fort pendant six ans.

Ainsi couvert, Bellot se soucia fort peu d'être soudainement assigné par les Arabes, le 19 mars 1899, pour voir prononcer la nullité de son prétendu contrat. Les demandeurs ne purent, et pour cause, produire les documents, et lui s'en garda bien. Aussi le jugement dut-il se borner à lui interdire l'accès de Kalaâ-Djerda jusqu'à ce qu'il excipât d'un contrat régulier. Il ne le fit jamais, et, encore à cette heure, M. Bellot, qui offre Kalaâ-Djerda comme sa propriété, est le seul à qui il soit interdit par jugement d'y mettre les pieds.

Toutefois, une mésaventure devait l'atteindre, et non seulement frapper son contrat de nullité radicale, mais le rendre irrégularisable à jamais.

En plein procès Targe, qui, commencé en 1898, ne se termina qu'en 1901, survint un nouveau décret modifiant du tout au tout le régime des phosphates.

C'est le décret du 1er décembre 1898.

D'après sa teneur, les phosphates en terrains *habous privés* ne peuvent plus être achetés directement aux Arabes par le canal de leur *mokaddem*, du *cadi*, ou même de l'administration des *habous*. *Ces trois signatures sont à jamais abolies*. On n'achète même plus les phosphates. On les découvre, on demande un permis de recherches au Service des Mines qui met les phosphates en adjudication au profit des Arabes. L'inventeur n'a plus droit qu'à 10 % de la redevance.

Ce décret, manifestement conçu pour rebuter les chercheurs de phosphates en *habous privés*, répondait à un but protectionniste en faveur des mines de Gafsa, chose étrangère à notre narration.

En tout état de cause, ce décret scellait à jamais la nullité irrédimable du contrat Bellot.

Et c'est ici que le bluff imaginé par Bellot emprunte un air de famille à l'affaire Humbert.

Bellot savait que son contrat était nul. Il le savait d'autant mieux qu'il avait fait signifier à ses frais par ministère de bourricot à 400 Arabes l'arrêt de la Cour d'Alger, qui exige, pour la validité d'un contrat pareil, le concours des trois signatures.

Il savait aussi que jamais plus son contrat de 1896 ne pouvait recevoir son complément de deux signatures' et demie, puisque le décret de 1898 les abolissait une fois pour toutes, sans dispositions transitoires, ni possibilité de correction rétroactive et que, par suite, seul un faux en écritures publiques munissant son contrat après coup des signatures manquantes, en antidatant leur apposition, pouvait lui conférer la vitalité désirée.

Eh bien! malgré cela, Bellot ne désespéra jamais du concours de la Résidence pour obtenir ce faux en écritures publiques.

La preuve qu'il ne désespéra pas, c'est que, se sachant sans droits ancuns sur Kalaâ-Djerda, il vendit cette même Kalaâ-Djerda à M. Legru, et qu'il reçut sur le prix un acompte de vingt mille francs en espèces (1).

Et la preuve qu'il n'eut pas tout à fait tort d'espérer, c'est que ce faux en écritures publiques, il en obtint la promesse enveloppée, insérée dans la sentence du 29 juillet 1902, promesse qui n'échoua d'ailleurs que grâce à un concours de circonstances indépendantes de la volonté de tous les participants.

Nous arrivons à l'arbitrage.

Targe, dépossédé juridiquement, surveillait avec rancune les menées de Bellot et se promettait bien de faire échouer toutes les tentatives de pseudo-régularisation de son contrat-fantôme, ainsi que la vente des phosphates qui n'avaient coûté à celui-ci que du papier timbré.

Ils n'avaient entre eux aucun lien de droit, répétons-le. Le corps-à-corps n'était pas possible; mais ils se flairaient, se tenaient en respect et se grognaient par leurs journaux. Targe disposait de la *Dépêche Tunisienne*, Bellot avait acquis un autre quotidien de Tunis, le *Promeneur*, uniquement pour défendre son contrat.

Tout à coup, Targe, qui l'immobilisait et l'énervait, le prend à revers par une série de trois articles parus dans la *Dépêche Tunisienne* (mai 1902), reproduits aussitôt en plaquette et expédiés au Parlement et ailleurs par milliers d'exemplaires.

L'esprit de ces articles se résume dans le mot de Frédéric II

---

(1) C'est un phénomène fort tunisien que de vendre ce qui appartient à autrui. L'exemple en est donné par la Résidence qui fait couramment vendre aux colons, par ses Administrations, des domaines qui sont revendiqués ensuite par le véritable propriétaire, au grand dam du colon.

M. Puech cite ce mot de M. Roy, secrétaire général du Gouvernement Tunisien : « *Je connais peu de domaines de 500 hectares dont certaines parcelles n'aient été revendiquées, avec raison, lors de l'immatriculation.* »

Lorsque M. Bellot, sans avoir résilié avec M. Legru, négocia la vente de Kalaâ-Djerda avec le banquier Sulzbach de Paris, un journal de Tunis dit, tout naïvement : « *C'est faux ! M. Bellot est incapable de vendre deux fois ce qui appartient à autrui.* »

motivant son *Anti-Machiavel;* Targe « crachait dans le plat ». Puisque,
y disait-on en substance, Targe est juridiquement dépossédé et que
Bellot n'a jamais rien possédé du tout, que l'Etat Tunisien s'empare donc
des phosphates, les mette en adjudication à son profit et dédommage
Targe des dépenses et des sacrifices qu'il a effectués sur ces gisements (1).

La thèse était fausse, ces phosphates étant le bien des Arabes et
non de l'Etat ; mais pour Bellot, le coup était fatal, car il le plaçait
soudainement en antagonisme avec l'intérêt général, danger qu'il ne
pouvait conjurer qu'en exhibant son contrat, *à condition qu'il fût
valable.* — Or nous savons qu'il ne l'était ni ne pouvait l'être.

Bellot dut capituler; il demanda *l'aman.* Somme toute, les phosphates
n'appartenaient ni à l'un ni à l'autre. Que leur en coûtait-il de transiger
sur le dos des véritables propriétaires, les indigènes ? Le tout était de le
faire efficacement, de se créer à défaut de droits et de titres, un document suffisamment autorisé pour en tenir lieu.

C'est alors que l'on imagina la comédie de l'arbitrage à faire présider
par le Résident général, avec séances et tout l'appareil d'avocats, de
mémoires et de discussions dans le palais même de la Résidence. Ce qui
en sortirait — bien ou mal conformé — aurait toujours son cachet d'origine, ce serait une lettre de marque sanctifiant d'avance tous les coups de
pouce ultérieurs à donner à la légalité et aux autres superstitions juridiques et morales.

IV

Le Résident fut-il dupe ou conscient du rôle qu'on lui fit jouer ?
Distinguons !

C'est *la Résidence Générale* de Tunis qui a présidé l'arbitrage.
Mais il y a deux Résidents : M. Pichon et son délégué, M. d'Anthouard.

C'est M. d'Anthouard qui a personnellement présidé les débats ;
M. Pichon, qui avait acquiescé à ce mode de règlement, étant parti en
vacances la veille de la discussion.

Il appert que, jusqu'à cette date, M. Pichon pouvait croire à la validité
du contrat Bellot et qu'il s'estimait heureux de pouvoir, pour le succès de
sa sieste politique, fondre en un seul parti dévoué à sa personne les deux
groupes hostiles, devenus depuis longtemps deux partis politiques.

Mais s'il s'illusionna au début, son erreur ne fut que de courte durée.
Malgré cela il sanctionna tout et même paracheva personnellement

---

(1) La *Dépêche* rappelait à ce propos le considérant suivant d'un jugement du tribunal
de Tunis relatif aux deux compétiteurs : *Attendu... ont engagé une lutte irritante et
stérile et dépensé en pure perte des sommes importantes pour acheter des droits
également illusoires.*

l'œuvre entreprise. Tout ce que l'on peut présumer à sa décharge — bien que la jurisprudence de la Cour de Cassation n'entende pas de cette oreille — c'est qu'il eut soin de se faire couvrir par la Direction des Protectorats au Ministère des Affaires étrangères, sinon par son ministre en personne.

Ce qui nous autorise à le penser, c'est d'abord sa persévérance dans l'illégalité originelle, en dépit de la réprobation publique qui s'ensuivit, et puis le fait que Bellot avait été jadis, en plein procès Targe, présenté à M. Delcassé, qui, probablement induit en erreur, lui promit son appui, s'il faut en croire M. Bellot. Peu importe d'ailleurs, puisqu'il le lui donne.

Quant à M. d'Anthouard, artisan effectif de la sentence arbitrale, il fut conscient et agit délibérément jusque dans les moindres détails de son œuvre, du premier jusqu'au dernier jour, et, depuis le retour de M. Pichon, en novembre 1902, tout ce qui s'est accompli l'a été conjointement et en pleine connaissance de cause. Les faits, les écrits publics, tout récents, et d'aucuns émanant de la main de M. Pichon lui-même, l'attestent.

Certes, depuis l'explosion très inattendue du scandale qui eut lieu un mois après la sentence arbitrale et qui se poursuivit pendant six mois dans un journal d'opposition de Tunis, la Résidence fut maintes fois appelée par son entourage perplexe à justifier son acte. Elle n'a jamais trouvé d'autre excuse que celle-ci :

« Nous n'avons pas agi officiellement, mais à titre privé. Nous « n'avions pas à scruter la légitimité des prétentions de chaque groupe « sur la chose, mais à fixer entre eux la part qu'ils s'en réclamaient « réciproquement. »

C'est là tout ce que la Résidence, par laquelle nous entendons MM. Pichon et d'Anthouard conjoints, a trouvé à répondre jusqu'à ce jour.

Or, quand bien même le contraire ne serait pas documenté de leurs propres mains, la fragilité de ce faux-fuyant éclaterait par tous les faits auxquels ils se sont associés administrativement dès le début et auxquels la logique de leur compromission première les condamne fatalement à associer toute leur puissance gouvernementale officielle dans le présent et dans l'avenir.

Pénétrons plus avant dans la documentation.

Dans le compromis qui prélude à la sentence arbitrale que nous publions *in extenso* en appendice, aucune des deux parties ne demande à transiger sur des droits réels et écrits sur une propriété revendiquée avec titres à l'appui.

En effet, les prolégomènes du compromis disent textuellement :

« Il a été exposé ce qui suit :

« M. Delmas, avocat au barreau de Tunis, avait procuration du groupe Targe pour exposer et faire valoir auprès de qui il appartiendrait *les droits et prétentions* de ses mandants sur les gisements de phosphates à Kalaâ-Djerda, de discuter les conditions auxquelles ils renonceraient *à cette affaire* en déterminant d'une manière très précise, soit la quote-part, soit la somme qui leur serait attribuée, et à cet effet signer toute convention, etc. »

N'oublions pas que ceci est un compromis, premier contact entre adversaires, qu'il va porter leurs signatures associées et que les mots en sont milligramétriquement pondérés, car aucun d'eux ne va permettre à son partenaire l'emploi d'un terme qui affaiblirait ses propres convoitises. Or il va résulter un équilibre fatal de ces rivalités équivalentes. Elles se résoudront comme on le devine, en la vérité toute naïve, très légèrement gazée par de transparents euphémismes. Ils se sont inconsciemment, avant toute entrée en jeu, avoué n'avoir ni droits ni titres sur la chose litigieuse.

En effet, Targe charge M° Delmas de faire valoir, auprès de qui il appartiendrait, ses droits et prétentions sur Kalaâ-Djerda.

Stationnons !

Quand on a des droits sur une chose, notre société civilisée ne dispose que de deux personnes *à qui il appartient* d'en sanctionner la validité :

1° La personne de qui on tient ces droits — et ce par voie de persuasion, ou bien

2° La justice organisée, arbitre souveraine.

Pourquoi Targe ne recourt-il à aucune des deux et s'en va-t-il quérir un étranger indifférent : le gouvernement, sous les espèces du Résident ? C'est que ses droits avaient été annulés par le Tribunal de Tunis le 24 mai 1897, la Cour d'Alger le 9 mai 1898, la Cour de Cassation le 23 juillet 1901, ce qui lui fermait la voie des tribunaux et, par définition, le recours préliminaire amiable auprès des Arabes, dispensateurs originaires de ces droits.

Le fait donc de recourir à la décision d'une autorité non qualifiée, mais qui, *tacitement, apporte l'adjuvant de l'arbitraire et de la violence*, dénote la conscience parfaite que Targe avait de l'inanité de ses prétentions.

Et cependant il emploie le mot *droits*. Comment Bellot a-t-il pu laisser passer ce mot et y souscrire ?

C'est que Targe a en effet des droits. Non pas des droits *juridiques*, mais des droits *historiques*, des droits *moraux*, des droits *de sentiment*. C'est lui qui est censé avoir découvert les phosphates en 1894. C'est lui qui a, de ses deniers, effectué les recherches, foré les puits, creusé les galeries, construit des maisons. Son successeur futur en bénéficiera. Il a donc un mérite d'autant plus chiffrable qu'il y est, prétend-il, de 175.000 francs. Il a droit à une indemnité, même juridiquement.

Mais contre qui l'a-t-il ce droit ?

Contre les Arabes qui n'en ont pas profité ?

Non ; c'est contre *l'acquéreur futur* des phosphates, *l'adjudicataire* à qui le cahier des charges imposera en toute justice de dédommager Targe aussi copieusement que possible. Mais cette contre-partie juridique n'est qu'en puissance dans l'affaire, il faut attendre son incarnation.

En tout cas, ce n'est pas Bellot, qui est, en l'occurence, aussi démuni que lui.

Mais, afin que ce mot de *droits* ne put être exploité dans un sens juridique, Bellot n'en consentit la mention qu'avec l'adjonction d'un débilitant. C'est pourquoi nous voyons cet accouplement illogique de mots : faire valoir ses *droits et prétentions*.

Qui a des droits est dispensé de prétentions.

Et qui n'a que des prétentions n'a pas de droits.

Nous savons déjà que ce que Targe a, ce sont des prétentions fondées en morale et subordonnées à l'esprit d'équité d'un acquéreur futur, de l'administration ou du tribunal — rien de plus. Mais il n'y avait pas là matière à arbitrage avec Bellot devant le Résident.

La preuve finale qu'il se reconnaît sans droits, c'est qu'il donne, pêle-mêle, mandat à son avocat de les revendiquer et de négocier les conditions auxquelles il y renoncerait. Encore ne dit-il que timidement, auxquelles il renoncerait *à cette affaire*. Déjà il se résigne à une quote-part, il se contente d'un strapontin.

Mais qu'apporte à son tour Bellot à cet arbitrage ? Il y apporte encore moins que Targe ; il apporte ce qu'il a, rien.

Que dit le compromis ?

M. Bellot avait, de son côté, chargé Mᵉ Bodoy, avocat défenseur, du soin *de ses intérêts*.

C'est tout ce que Targe avait consenti à contresigner, et par charité encore, car Bellot n'avait jamais eu d'intérêts légitimes dans Kalaâ-Djerda, mais des intérêts illégitimes, ce qui en français porte déjà le nom très ancien d'appétits et de convoitises.

Il résulte donc de l'aveu formel des parties qu'elles ne possédaient aucun droit sur la chose.

Or, en l'aventure, l'arbitrage était vicié dans son essence, car il violait le premier article du chapitre de l'arbitrage, (art. 1003 du Code de Procédure Civile) qui dit : *Toutes personnes peuvent compromettre sur les droits dont elles ont la libre disposition.*

C'est le mépris de ce truisme qui éclaire les premières responsabilités de la Résidence, laquelle ne craint pas de proclamer, au frontispice de la sentence, qu'elle et les arbitres ont été choisis *comme amiables compositeurs dans le différend existant entre les sieurs Bellot et Targe.*

Or ce différend, comme nous l'avons vu, n'avait, faute de lien de droit, jamais revêtu ni ne pouvait jamais revêtir la forme judiciaire, condition essentielle à un arbitrage régulier et homologuable, puisqu'on ne transige que pour arrêter un procès en cours ou en éviter un.

C'était un différend de la nature la plus inavouable et la plus immorale, celle d'un usurpateur voulant s'emparer du bien d'autrui et celle d'un jaloux le faisant composer sous la menace de crier : au voleur !

Mais, comme nous l'avons vu plus haut, les deux Résidents nous objectent qu'ils n'avaient en vue que de statuer sur des *prétentions* et non sur des *contrats*, à preuve que le compromis ne mentionne ni droits documentés ni contrats.

C'est vrai pour le compromis, ce n'est pas vrai pour la sentence qui bel et bien statue sur le contrat Bellot (1), auquel cas elle est encore plus nulle que jamais, car le § 5 de l'art. 1028 du Code de procédure civile dit : *L'arbitrage est nul s'il a été prononcé sur une chose non demandée.*

Admirons, enfin, les contradictions décisives de la sentence même, qui proclame à la fois la nullité absolue du contrat de Targe, l'impuissance où se sont trouvés les jurisconsultes d'attribuer les phosphates à lui ou à Bellot, qui interdit *à priori* aux arbitres d'examiner juridiquement les prétentions des parties et qui, tout de même décide que seuls les contrats Bellot sont valables, avec ce correctif ineffable « qu'ils ne lui constituent aucun droit exclusif. » Quant à l'incertitude de la législation tunisienne, prétendue cause de tout le mal, c'est une pure contre-vérité. Cette législation était si claire que le tribunal a dû légiférer sur le siège pour l'obscurcir et annuler ainsi le contrat Targe !

V

Et comment se fait-il, pensera-t-on, que ces deux groupes notables, l'aristocratie de la colonie, aient pu de sang-froid, avec la Résidence, se livrer à un acte aussi peu scrupuleux ?

La raison majeure est qu'il n'était pas du tout destiné à être divulgué ni disséqué au grand jour, comme il le fut par accident un mois après. Les deux partis étant lotis, tous les journaux étant intéressés au mutisme, qui aurait osé s'aliéner toute la colonie et la Résidence ?

La raison latente est qu'en Tunisie — rien que là sans doute — règne le *credo : Que tout ce qui appartient aux indigènes est bien vacant et sans maître.*

Protester au nom du droit et de la justice en faveur des malheureux spoliés ?...

---

(1)..... L'exploitation immédiate... ne peut être entreprise qu'au moyen des contrats de M. Bellot ... *qui lient encore les dévolutaires,* etc., etc. (Voir l'appendice).

Crime !

Et, cependant, ce crime fut commis. Par qui ? Par l'un des arbitres même, M. Gabriel Bonnet, mandataire du groupe Targe.

C'est ce qui accentue la responsabilité et documente la volonté et l'état de conscience de la Résidence.

Les débats du tribunal arbitral s'étendirent du 1er au 29 juillet pour aboutir à une sentence, laquelle, fondée sur des droits réels, eut pu être rendue en deux séances et, sans l'appui de droits, mais avec des magistrats aimant la justice, — en cinq minutes.

Par quoi furent donc remplis les débats ?

Par les résistances de M. Bonnet à souscrire à la spoliation des Arabes. D'où sortait-il, grands dieux ! « *Il ne s'agit pas de savoir*, essayait de lui faire entendre M. d'Anthouard, délégué de la Résidence, *à qui appartiennent les phosphates, mais à qui il faut les donner.* » Ce furent des orages quotidiens entre M. Bonnet, le délégué résidentiel et l'arbitre de M. Bellot, M. Ventre. M. Bonnet fit remarquer au représentant de la France que sa mission était justement de protéger les Arabes contre la spoliation et non de faire lui-même office de spoliateur.

Oubliant l'indignité originelle de son mandat, il s'éleva, qu'il nous soit permis de le dire, aux accents pathétiques d'un homme de Plutarque. Le Résident, qui en avait vu bien d'autres à travers les soupiraux de la légation d'Angleterre à Pékin, persista glacial, diplomatique et sec.

M. Bonnet, vaincu et ne pouvant se retirer sans voir le partage s'effectuer valablement sans lui, dut participer au maquignonnage.

On lui offrit *un dixième* pour toute consolation.

Alors il eut ce cri :

« *Non, par exemple ! Puisque nous sommes entre bandits, partageons au moins en frères.* »

A maintes reprises, M. Bonnet voulut se retirer, mais, harcelé par ses clients, il marchanda tant et si bien que ses deux adversaires, par crainte d'un scandale mortel, lui consentirent finalement *trois huitièmes* du butin, allouant les cinq autres huitièmes à Bellot (1).

La sentence fut rendue le 29 juillet. Toute fraîche on la porta à l'homologation du tribunal. Les magistrats, pressentant les terribles responsabilités qu'entraînait une pareille formalité (car des jurisconsultes hasardaient déjà le mot de forfaiture), avaient tous trouvé le moyen de s'éclipser en ce jour néfaste et n'avaient plus laissé sur le siège qu'un jeune juge, sur qui s'abattit la périlleuse corvée de boucler la boucle dans le vide.

---

(1) M. Paviller, directeur des Travaux publics, avait insisté pour que l'on tînt compte à M. Guiguet, de Lyon, des 100,000 francs qu'il avait dépensés. On ne l'écouta point.

C'est ce qu'explique la formule curieuse employée par ce juge naïf :

« Nous, Loison, juge au tribunal civil de première instance de
« Tunis, faisant fonction de président dudit tribunal en remplacement
« de M. Fabry, président, Dubois et Fropo, vice-présidents, *et de tous*
« *autres magistrats plus anciens légalement empêchés ou en congé*
« *régulier, etc.* »

Est-ce clair ?

Triomphalement, M. Bellot emporta sa sentence munie de la formule exécutoire comme étant « régulière en la forme et ne contenant rien de contraire aux lois et aux bonnes mœurs, » et, soit par intérêt financier, soit par gloriole, commit la bévue de faire publier cet instrument *in-extenso* dans son journal le *Promeneur* du 22 août 1902.

Cette malencontreuse publication révéla le néant de ses prétentions antérieures, la nullité, l'illégalité de l'arbitrage et de la sentence et *l'engagement implicite que prenait la Résidence de faire commettre, par ses agents, une série de faux en écritures publiques et de forfaitures,* seuls expédients possibles, pour mettre Bellot et consorts en possession, apparemment régulière, des phosphates ravis aux Arabes.

En effet, la nullité de son contrat y est naïvement avouée par ce passage :

« Considérant que l'exploitation immédiate requise par les parties ne peut être entreprise qu'au moyen des contrats de M. Bellot en date du 10 août 1896 qui *lient encore les dévolutaires actuels du habous sur lequel sont situés les gisements en question.* »

S'il n'y a que les dévolutaires de liés, il n'y a personne, puisque l'arrêt de la Cour d'Alger et celui de la Cour de Cassation stipulent que les dévolutaires, étant tous légalement mineurs, ne sont pas liables, que leur signature est inopérante, nulle, et que seules, les signatures du *mokaddem*, du *cadi* ou de l'administration des *habous* peuvent conférer validité à un contrat.

C'est l'homologation de ce considérant qui comportait justement la forfaiture, que tous les magistrats, en véritable jurisprudents, avaient trouvé moyen d'esquiver.

Quant à la promesse de concours par faux en écritures, elle est formulée plus loin.

La sentence instituait deux mandataires, MM. Frédéric Bellot et Romain Peloni, chargés de vendre les phosphates et d'accomplir au préalable les formalités exigibles.

Et alors, dans un long paragraphe, on noya discrètement ce membre de phrase : .... *les mandataires ci-dessus désignés auront, en outre, à faire toutes démarches, à requérir toutes mesures qui seraient jugées*

nécessaires, pour permettre aux deux baux en question (contrats Bellot)
de donner tout leur effet.

Evidemment le lecteur non prévenu se creusera la tête pour trouver
dans ces termes flous une promesse de faux en écritures publiques, mais
il conviendra peut-être que pas plus en Orient qu'en Occident, ces choses-
là ne se disent crûment.

Voici donc des baux — (car les contrats sont des contrats de location
de terrains avec droit d'extraction des phosphates, et Bellot en avait
conclu deux le même jour pour deux parcelles formant le total de Kalaâ-
Djerda) — voici deux baux *qui exigent encore des démarches et
requièrent des mesures pour donner tout leur effet !*

Eh bien ! ces démarches et ces mesures ne sont autre chose que la
coërcition résidentielle à exercer successivement sur le *mokaddem*, sur
le *cadi* et sur l'administration des *habous*, pour leur arracher après coup
les signatures manquant au bail Bellot, *mais en les datant d'un millé-
sime* antérieur *au* 1er *décembre* 1898, parce qu'à cette date un nouveau
décret avait aboli ces signatures.

Et le bail Bellot ainsi truqué, armé de ces faux en écritures publiques,
pouvait enfin être présenté et enregistré valablement au Service des Mines
et par suite en revenir avec l'autorisation d'exploiter les phosphates.

Car l'arrêt de Paris, exigeant les trois signatures, interdisait implicitement au Service des Mines de faire état de tout contrat qui en aurait
été dépourvu ou, alors, c'était cette administration qui commettait les faux
en écritures publiques, en enregistrant sciemment un document irrégulier.

On se demande pourquoi la sentence avait besoin de mentionner cet
engagement de forfaiture, même en termes aussi veloutés, alors qu'on
eut pu le commettre en catimini.

C'est que non seulement les mandataires ne tenaient pas à être désa-
voués en route par la Résidence, car son concours dans les mesures à perpé-
trer était précisément le seul objectif de l'arbitrage (tout le reste n'étant que
remplissage facilement réglable entre soi dans un coin de café), mais
qu'en outre, comme les démarches à faire entraînaient pour Frédéric
Bellot et Romain Peloni un concert délictueux, ils tenaient à être cou-
verts contre toute catastrophe par la complicité même du Résident et à
exciper éventuellement d'un ordre reçu.

Encore un peu plus de lumière !

La preuve que telle fut la signification de la promesse de la Résidence, c'est que peu de jours après la sentence, celle-ci se mit en campagne pour forcer la main au *cadi*, l'obliger à ratifier le bail Bellot, en
y apposant sa signature antidatée.

C'est sur le *cadi* que l'on fonça d'abord, car c'était le plus rébarbatif
des trois, même le seul.

En effet, le *mokaddem* n'est qu'un tout vulgaire subalterne du *cadi*, révocable et maltraitable à merci.

L'administration des *habous* n'est, à son tour, qu'un nid à fonctionnaires obéissants. Mais le *cadi*, lui, est un chef religieux très pénétré de sa puissance et qui maintes fois a tenu la Résidence en échec par des *non possumus* des plus pontificaux.

Ce fut M. Pichon, qui le sollicita dans les conditions les plus blessantes pour son caractère personnel et sacerdotal. Le *cadi* résista avec une douceur coranique.

La preuve que cela est vrai, c'est que, le 25 novembre 1902, la *Dépêche Tunisienne*, organe officieux de la Résidence, publiait l'entrefilet suivant :

« A LA CHAMBRE »

« Nous apprenons que des démarches faites auprès d'un député de la majorité auraient abouti à intervenir lors de la discussion de la prochaine interpellation de M. Albin Rozet, député de la Haute-Marne, sur les indigènes d'Algérie, pour demander à la Chambre qu'elle soit étendue aux indigènes de la Tunisie.

« La sentence arbitrale rendue contrairement aux dispositions du décret du 2 décembre 1898 sur l'amodiation des phosphates serait dénoncée à la Chambre et le Ministre des Affaires étrangères mis en demeure de donner des explications au sujet de la pression exercée par le Gouvernement tunisien sur l'administration des *habous* et sur certains magistrats religieux musulmans pour les amener à ne pas exiger la mise en adjudication des phosphates.

« La question portera également sur le point de savoir si en ne prescrivant pas la mise en adjudication des phosphates de la Kalaâ-Djerda, le Gouvernement ne prive pas l'agriculture française et l'agriculture tunisienne des tarifs de faveur qui devraient leur être consentis. »

Bien entendu, personne à Paris n'avait songé à interpeller, nul n'y connaissant suffisamment l'affaire de Kalaâ-Djerda pour la porter à la tribune. La note n'était que comminatoire, la *Dépêche* avait un idéal d'un diapason plus élevé, si nous osons nous exprimer ainsi.

En tous cas elle mentionnait un fait authentique, tellement authentique qu'elle y trouva les motifs de ne plus revenir à la charge.

En faut-il une autre preuve plus concluante encore ?

Eh bien ! il avait été imparti aux mandataires un délai de six mois à dater du 1er août 1902 pour vendre Kalaâ-Djerda. — Ils n'ont pas osé la vendre. Ils pouvaient proroger ce délai de trois autres mois, soit jusqu'à fin avril 1903 — et à cette date, malgré les nombreuses demandes les plus alléchantes, ils n'ont toujours pas osé la vendre.

Bien plus, à cette dernière échéance ils devaient être dessaisis de plein droit et, à la requête de la partie la plus diligente, les phosphates devaient être vendus d'office, par adjudication. à la barre du tribunal.

Or, à aucun moment l'affaire n'y fut présentée et elle ne pouvait pas l'être parce que si la sentence résidentielle était suffisante pour jeter de la poudre aux yeux des profanes, si elle pouvait à la rigueur frayer la voie aux tentatives d'intimidation et de corruption des musulmans, qui ont d'ailleurs faussé compagnie au Résident, cette sentence ne constituait pas un titre présentable à un tribunal qui l'avait fuie pour ne point l'homologuer.

Voilà pourquoi le tribunal n'a jamais été mis en mouvement, et pourquoi à la date de fin avril les groupes durent se résigner à la caducité irrémédiable de la sentence arbitrale, valable pour neuf mois seulement.

La sentence arbitrale est morte, l'arbitrage est mort, parce qu'ils étaient nuls et nuls parce que illégaux et illégaux parce que fondés sur une inanité d'objet et de prétentions. Mort aussi le lien qui, bien que non juridique, avait, pour un instant, solidarisé Bellot et Targe.

Mais les textes et les événements ont laissé des traces indélébiles et qu'il faut remettre à nu, car depuis le refus du *cadi*, la conspiration contre la justice, pourchassée d'un repaire, se réfugia dans une nouvelle caverne, biaisa vers de nouvelles illégalités et de nouveaux délits.

Ce qu'il faut, coûte que coûte, à ce syndicat, c'est déposséder les Arabes.

La sentence arbitrale avait fixé aux mandataires Peloni et Bellot un prix de vente minimum des gisements de Kalaâ-Djerda. Ce minimum était de 1,200.000 francs avec une redevance à payer par l'acquéreur de 60 centimes par tonne.

C'était une cote donnée à cette valeur. Elle eut pu être trop optimiste. Elle était au contraire inférieure à l'offre. Celle-ci, confiante en la validité de la sentence, se présenta aussitôt au chiffre de 1,500,000, même 1,600,000 francs avec 80 centimes, voire 1 franc de redevance. Le minimum d'extraction devant être de cent mille tonnes par an et le gisement comportant au bas mot 5 millions de tonnes, cela fait un capital à encaisser de suite de 1,200,000 francs et une rente de 100,000 francs pendant 50 ans, au taux le plus bas (1).

Cette cote est connue du monde entier et nulle contestation ne la peut altérer.

---

(1) Offre de la maison M.-S. Sulzbach, de Paris.

Voilà l'héritage principal de l'arbitrage.

Or, que complotèrent les groupes Bellot et Targe, de connivence avec la Résidence de Tunis, devant la dénonciation qui fut faite publiquement de la fragilité de la sentence?

Ils imaginèrent d'en faire le sacrifice et de tourner la difficulté en s'emparant de Kalaâ-Djerda par voie d'échange de terrains.

Quelle est donc cette nouvelle combinaison?

Voici :

D'après la loi musulmane, les domaines *habous* sont, comme nous le savons déjà, destinés à échoir un jour à la fondation pieuse qui, avec les revenus, entretient ordinairement les mosquées, les écoles et fait œuvre d'assistance publique, etc. Ces domaines sont inaliénables.

Toutefois, le fonctionnement même de la vie sociale nécessite leur mobilisation, ce que représente exactement dans notre droit français le système de remploi des biens dotaux.

Le principe admis, toutes les combinaisons sont recevables et tout *habous* peut, aujourd'hui, être échangé contre un bien *équivalent*.

Kalaâ-Djerda est un *habous*. Pour s'en emparer, il suffisait donc, conformément à la procédure prescrite, de faire estimer sa valeur par deux experts musulmans que l'on appelle des *amine*, de présenter d'abord à l'agrément des propriétaires ayants-droit, et en l'espèce aux dévolutaires de Kalaâ-Djerda, un domaine de *valeur égale*, de faire agréer leur acceptation par le *cadi* et d'en obtenir autant de l'administration des *habous*, héritière éventuelle et finale.

Malheureusement, il était difficile de concilier ce rite orthodoxe avec la spoliation complotée, car tant qu'à faire de donner aux Arabes une *valeur égale* à celle qu'on leur prenait, c'est-à-dire 1,200,000 francs et 100,000 francs de rentes pendant cinquante ans, autant leur laisser leurs phosphates qui n'en valaient pas plus.

On songea alors à circonscrire l'échange en *troquant uniquement fonds rural contre fonds rural*, tout le monde s'entendant pour ne pas prononcer ou écrire le mot de phosphates. Une fois les papiers régularisés, on feindrait de les avoir découverts après coup. On s'extasierait devant ces puits, ces galeries, ces constructions creusés et édifiés par la nature vraiment maternelle, on en serait ébahi comme jadis la maîtresse du baron Haussmann lequel lui confiait les projets d'expropriation et qui s'écriait dans un feint agacement : « C'est vraiment insupportable, je ne puis pas acheter un immeuble sans qu'on m'exproprie quinze jours après ! »

L'esprit tunisien est de cette force. Malheureusement, le cadi de Tunis vaut son pesant de juge de Berlin. Et ce cadi leur avait déclaré vouloir volontiers souscrire à l'échange contre l'équivalent, à savoir une propriété valant 1,200,000 francs, et 60,000 francs de rentes, « car, ajoutait-il, c'est la cote que vous lui avez donnée vous-même dans la sentence arbitrale. »

« Vous n'ignorez pas, ajouta-t-il, que d'après nos lois religieuses, consignées au code de Sidi-Khalil (que son nom soit vénéré !), lorsque dans un échange de *habous* l'estimation du domaine demandé le déprécie d'au moins 25 %, il y a lieu à rescission du marché, et ce droit de la partie frustrée est *imprescriptible*. Or, en cas de dol, qui en arabe se dit *rabane* — vous le savez mieux que moi — non seulement la transaction est nulle pour l'éternité, mais c'est le *cadi* qui est pécuniairement responsable de la différence, une misère à côté de ce que lui réserve Allah. »

Il devenait urgent de tourner ce *cadi* par trop intransigeant. On pensa se rabattre sur le sous-*cadi* provincial du Kef, auquel ressortît Kalaâ-Djerda. Hélas! ce genre d'opérations, monopole du cadi de Tunis, échappait à sa compétence. Il n'a même pas le droit de signer du nom de *cadi*, c'est un coadjuteur.

Que fit la Résidence ? Elle força la main au Bey qu'elle préconisa cadi des cadis pour faire étendre aux sous-cadis provinciaux les attributions et les prérogatives du cadi de Tunis.

Celui du Kef, une fois nanti d'ordres suffisamment lubréfiés, mit en campagne deux experts (*amines*) avec mission d'estimer Kalaâ-Djerda *sans tenir compte des phosphates*. Les *amines* l'évaluèrent à 80,000 francs. Suivant la loi, le néo-*cadi* majora ce prix de 10 %, soit à 90,000, qui furent portés à 100,000 francs rond, par magnanimité. Précisément, MM. Frédéric Bellot et Romain Peloni venaient d'acquérir des mains de l'Etat, dans les environs une propriété qui — O ! miracle ! — leur avait justement coûté 100,000 francs. Cette heureuse coïncidence permettait un échange immédiat.

Et les Arabes ?

Ils protestèrent et pensèrent se révolter; ce que voyant, la Résidence leur délégua deux notaires de la section d'Etat qui vinrent les menacer, au nom du Bey, d'emprisonner tous les pères de famille, de les déporter, par voie administrative, aux îles Kerkennah — la Sibérie torride des Tunisiens — s'ils n'acquiesçaient tous incontinent à l'abandon de leur héritage que leur imposaient les roumis !

Lorsque suffisamment terrorisés ils eurent signé, on leur notifia que cet acte de soumission était récompensé comme suit : Les roumis leur distribuaient entre tous un cadeau de 10,000 francs.

Comme ils sont 400, cela faisait 25 francs par burnous. En outre, on leur faisait remise de la somme de 32.000 francs, que, depuis dix ans, on leur avait distribués en détail, autrement dit 80 francs par chechia, soit *huit francs par an*, pour avoir, par leurs signatures, procuré à leurs acquéreurs des crédits en banque de centaines de mille francs.

Sur quoi, les deux tabellions de la Troisième Section leur désignèrent d'un doigt comminatoire leur nouvelle terre promise, où les quatre cents malheureux durent aller planter leurs gourbis et où ils se morfondent encore à cette heure, en attendant celle de la justice de France ou, à défaut, celle d'Allah, qui ne doit pas la suivre de bien loin.

Et pour les empêcher de venir à Tunis en quête d'un sauveur, on les condamna au domicile forcé, avec interdiction de franchir la ville du Kef.

VI

Quel emploi vont tenter de faire les groupes Frédéric Bellot et Romain Peloni de leur bien aussi mal acquis?

En ce moment se poursuivent des négociations avec un syndicat italien comprenant la société *Florio-Rubattino*, l'*Unione de Vicenza* (consortium des superphosphatiers italiens) et la *Banca d'Italia*.

Ce syndicat achetant de bonne foi un bien que ses vendeurs n'ont jamais payé à ses véritables propriétaires, pourrait — et on y compte bien — faire créer à notre gouvernement des embarras diplomatiques pour sauvegarder son emplette.

Empressons-nous d'ajouter que cette bonne foi serait difficilement admissible, car, en réalité, la situation non équivoque de leurs offrants n'est un secret pour personne.

C'est ce qui explique, — chose qu'il y a honneur à constater, — qu'aucune maison véritablement française n'a consenti à écouter les propositions des groupes détenteurs.

Mais la presse coloniale qui, forcément en ces matières précède la presse politique, s'en est déjà émue. Le *Moniteur des Colonies* a jeté le cri d'alarme, ainsi que la *Dépêche Coloniale* et d'autres, ce qui n'a pas laissé d'inquiéter aussitôt la Résidence et ses favoris ; au point que le *Moniteur des Colonies* a reçu la très suggestive demande de rectification que nous reproduisons :

Tunis, 11 décembre 1903

Monsieur et cher Confrère,

Je lis dans un de vos récents numéros une note concernant les phosphates de la Kalaâ-Djerda.

J'y relève le passage suivant :

« En effet, la légitimité de la possession de ces phosphates par ce groupe est, « comme on le sait dans les milieux phosphatiers, fortement contestée. Nul doute alors « qu'une cession à l'étranger susceptible de compliquer les réclamations éventuelles d'em « barras diplomatiques, n'atténue la précarité de l'état actuel. »

Voulez-vous me permettre, mon cher confrère, de vous dire que votre bonne foi a été surprise ?

La situation que vous signalez relativement à la précarité de la possession de la Kalaâ-Djerda *a peut-être existé*. Je n'ai pas à l'apprécier et je ne saurais faire un grief de son opinion à votre correspondant.

Mais il est *un fait*, un fait indiscutable contre lequel viendrait se briser toute argutie, et ce fait, votre correspondant a eu le tort de ne pas vous le signaler : A la date du 19 novembre, le Bey de Tunis a régulièrement et irrévocablement, par acte officiel, reconnu au groupe que vous visez la possession qui jusqu'alors pouvait lui être disputée raisonnablement ou non.

La légitimité de cette possession n'est donc plus douteuse et aucune réclamation éventuelle ne peut se produire, à *fortiori*, aucun embarras diplomatique.

Je crois inutile de faire appel à votre bonne foi pour vous demander un mot de rectification.

Veuillez agréer, etc.

G. CANDAS,

Rédacteur en chef du *Promeneur*.

Comme l'observe judicieusement en sa réponse le *Moniteur des colonies*, le signataire bénévole de cette lettre n'était ni qualifié, ni intéressé à faire cette démarche ; simple agent de M. Bellot, propriétaire du *Promeneur*, il n'en est que le messager et le prête-nom. Mais M. Bellot lui-même n'a jamais été qu'un docile instrument de la Résidence et toute initiative lui est interdite ; de sorte que cette précieuse lettre n'a plus et ne peut plus avoir qu'une origine : la Résidence de Tunis — et, pour préciser, elle émane de M. D'Anthouard, délégué à la Résidence, et à l'imbroglio Kalaâ-Djerdien.

Cette lettre venant d'un inconnu désintéressé aurait dû, selon les règles de la bienséance, être accompagné de la preuve d'une aussi importante affirmation, ne fut-ce que pour la distinguer d'un mensonge de collégien.

Le *Moniteur des Colonies* a réclamé cette preuve à son avenant correspondant. Il n'a pas reçu de réponse et n'en recevra apparemment jamais.

Mais de ce document, nous retenons le fait que la Résidence a fait contresigner au Bey toute la procédure d'échange dolosive et frauduleuse, infligée à ses malheureux sujets.

Dans la forme, ce contre-seing n'a aucun caractère officiel tant qu'il ne figure pas à l'*Officiel tunisien* sous les espèces d'un décret approuvé par le Résident général. Or, ce décret n'a jamais été promulgué.

Cet acte a donc tout juste la valeur d'un visa de son Altesse sur la note de sa blanchisseuse, et encore... — car la signature du Bey ne vaut isolément rien.

Le jour même de la mort de son père, le 11 juin 1902, la Résidence lui dicta un décret par lequel il s'*interdissait à lui-même* de disposer d'un centime de sa propre liste civile sans l'autorisation d'un administrateur français. Le Bey est donc sous puissance de *mokaddem*, plus étroitement encore que le plus misérable de ses sujets, qui a au moins la liberté d'aliéner son burnous ; le Bey ne le peut !

Ce décret grotesque, puisqu'il viole la maxime élémentaire : « Nul ne s'engage envers soi-même », donne la mesure de la validité de la signature beylicale et de l'audace de qui s'en prévaut.

Dans le fond, la lettre en question confirme victorieusement toute notre démonstration.

C'est précisément parce que l'échange est dolosif et frauduleux.

C'est précisément parce qu'il constitue le crime que devait logiquement enfanter la sentence arbitrale,

C'est précisément parce que MM. Pichon et d'Anthouard commencent à se sentir désarmés contre une demande de mise en accusation issue de l'opinion publique et du Parlement.

C'est précisément pour tout cela qu'ils sont allé abriter leur butin sous l'égide d'un pseudo-souverain, irresponsable, interdit et cloîtré, a qui ils ont arraché un bill d'indemnité aussi peu valable que ses chèques.

Car les échanges réguliers et honnêtes sont des transactions banales auxquelles le Bey n'intervient jamais. La signature beylicale devait en être d'autant plus rigoureusement exclue qu'il s'agit ici d'un *habous*, domaine sacré, spécifiquement et traditionnellement soustrait à la rapacité et à l'ingérence des beys. Les *habous* sont sous la sauvegarde directe d'Allah.

Mais M. le baron d'Anthouard de Wasserfass, dit Wasserwass, qui a patiné son blason d'Empire des préjugés féodaux, s'est mis dans la tête de ressusciter. en Tunisie, le dicton : *Qui veult le roi si veult la loi,* du bon vieux temps où sa roturière généalogie portait nom : *Carafon.* M. Pichon, que ces évocations enivrent de gentilhommerie et enflent d'extase, met fièrement la main à la pâte. Ils croient que c'est arrivé parce qu'ils sont arrivés ! !

En Résumé :

La Résidence générale de Tunis a, en la personne de MM. Pichon et d'Anthouard, par un abus de leur autorité officielle, dépouillé entièrement une tribu de quatre cents Arabes de leur patrimoine séculaire pour en combler ses favoris. Cette déprédation accomplie par MM. Pichon et d'Anthouard porte sur un total de TROIS CENTS MILLIONS.

Elle a été préméditée et préparée pendant l'arbitrage de juillet 1902. Elle est documentée par la sentence arbitrale illégale et violant la chose jugée en date du 29 juillet 1902.

MM. Pichon et d'Anthouard ont induit en forfaiture un magistrat du tribunal de Tunis en lui faisant homologuer une sentence *irrégulière en la forme et contraire aux lois et aux bonnes mœurs.*

Ils ont aggravé leur propre forfaiture en pesant sur la conscience du *cadi* pour en faire leur complice.

Ils ont implicitement avoué cette forfaiture en renonçant à la mise en vente de Kalaâ-Djerda, en vertu de la sentence, à la barre du même tribunal qui l'avait homologuée.

Ils ont délictueusement fait novation à cette sentence caduque en recourant à l'expédient de l'échange, par où ils ont imposé aux deux experts assermentés une estimation frauduleuse du domaine de Kalaâ-Djerda.

Ils ont délictueusement fait consommer cet échange, en extorquant le consentement signé de la totalité des indigènes victimes et fait exercer la menace sous condition par les notaires de la Section d'État.

Ils ont mis leurs favoris Bellot, Peloni et leurs groupes en possession des richesses volées, et arraché son contre-seing au Bey pour tromper la conscience et amadouer les capitaux des acquéreurs étrangers hésitants.

Ils prêtent ouvertement la main à la cession de ces biens au plus puissant groupe italien concevable, sachant pertinemment que l'opération terminée ne pourra plus être rescindée sans embarras diplomatiques pour notre pays, ni grand discrédit public pour notre action civilisatrice en Tunisie ; ils complotent, en un mot, d'esquiver la réprobation publique française en garant le produit de leur larcin chez des receleurs inviolables et exterritoriaux.

Et maintenant que nous avons formulé les accusations qui sont la synthèse des preuves qui les précèdent, tirons la nécessaire moralité de cet attentat.

Ne nous leurrons pas. De pareils crimes ne restent pas invengés.

L'insurrection de Margueritte nous fut un douloureux avertissement. La rancune tunisienne pour être moins violente, n'en est que plus délétère. Il n'est injustice qu'elle ne nous fasse sournoisement expier. Insensiblement notre prestige périclite, notre autorité est méprisée, ce qui se manifeste par les prévarications et les concussions des fonctionnaires musulmans, la collusion entre les dévaliseurs et les gardiens indigènes de la fortune publique, le dégoût général du travail, la recrudescence du nomadisme, l'augmentation effrayante de la criminalité. L'Arabe riche ou revêtu d'autorité pille le pauvre par rapacité, et le pille encore une fois sous le couvert de l'autorité française pour la lui faire haïr davantage. Entre temps, le Bey que l'on n'avait conservé que pour acccomplir sous son couvert les forfaits du genre de Kalaâ-Djerda et à qui on a dû laisser quelques menues prérogatives traditionnelles décoratives, le Bey s'empare de ces débris d'ancienne souveraineté, les amplifie démesurément jusqu'à obscurcir notre présence aux yeux de ses sujets. La cérémonie du baise-mains, tombée en désuétude depuis l'occupation, a été rehaussée par le Bey actuel, aux proportions d'une solennité nationale tunisienne, en raison de la haine que provoque la politique arabophobe de M. Pichon.

Et l'on voit le représentant de la France en ces fêtes dont la majesté tend à l'écraser, se tenir aux pieds du trône, ennuyé, ahuri, dédaigné et rabaissé au rang infime de pur ministricule tunisien, ce qui ne s'était jamais vu.

L'Algérien révolté tue, le Tunisien mortifie.

Il fait plus, il exporte son mépris de notre nom dans tout l'islamisme. Il nous bat en brèche à Constantinople, en Egypte, en Syrie, au Maroc, au Soudan, dans tout le désert, car le Tunisien est écouté partout en Orient. Mais au Maroc !

Nous ne savons pas assez que la Tunisie renferme une très importante colonie marocaine, qu'il existe une circulation ininterrompue de population entre les deux pays. La Résidence cajole ces Marocains au bénéfice de nos visées sur leur pays. Elle y délègue des émissaires chargés d'endoctriner leurs compatriotes sédentaires. Autant d'ambassadeurs, autant de traîtres et de détracteurs qui, à nos frais, mettent leurs frères en garde contre une seconde édition du protectorat tunisien. Nous sommes même en mesure d'affirmer que le ressentiment unanime a la forme d'une conspiration organisée contre notre influence au Maroc, notamment par la franc-maçonnerie des confréries religieuses musulmanes. Et nous affirmons encore que notre protectorat serait instauré depuis longtemps en ces pays par les voies les plus pacifiques, *à la sollicitation même des populations marocaines les plus disparates* — nous précisons — si nos procédés envers les Tunisiens leur avaient permis de se livrer à une propagande contraire.

Avise qui doit, advienne que pourra.

APPENDICE

La Kalaâ-Djerda

Extrait du journal *le Promeneur* de Tunis du 22 août 1902 :

SENTENCE ARBITRALE

L'an mil neuf cent deux et le trente un juillet, au Greffe du Tribunal civil de Tunis, et devant Nous greffier soussigné. A comparu Maître Houde, avocat à Tunis, lequel nous a déposé une sentence arbitrale rendue par Messieurs, premièrement le baron d'Anthouard de Wasserwas, deuxièmement Auguste Ventre, troisièmement Gabriel Bonnet, arbitres choisis par les parties comme amiables compositeurs dans le différend existant entre le sieur Bellot d'une part et les sieurs Targe, Durieux et Révolon, Péloni, Morel, Loiseleur, Mercier et Rouquerol, d'autre part, suivant compromis annexé en date du premier juillet mil neuf cent deux, enregistré à Tunis, le trente un du même mois, folio cinquante un, case quatre au droit de un franc.

La dite sentence arbitrale établie sur deux feuilles de papier timbré tunisien de quatre-vingt-dix centimes, enregistrée à Tunis, le trente un juillet mil neuf cent deux, folio cinquante un, case trois, au droit de un franc, contient six pages et huit mots rayés nuls sans renvoi, approuvés, et est signée : Aug. Ventre, G. Bonnet et d'Anthouard.

Duquel dépôt nous avons dressé le présent procès-verbal, que nous avons signé : Saunier.

SENTENCE ARBITRALE

Entre les soussignés :

Premièrement Monsieur Ernest Bellot,

D'une part,

Deuxièmement Messieurs Targe, Durieux et Révolon, Morel et Peloni et Loiseleur,

Troisièmement Messieurs Mercier et Rouquerol,

D'autre part ;

Il a été exposé ce qui suit :

Maître Delmas, avocat au barreau de Tunis, avait procuration du groupe Targe, Durieux et Révolon, Morel et Péloni et Loiseleur, ainsi que du groupe Mercier et Rouquerol, pour exposer et faire valoir auprès de qui il appartiendrait, *les droits et prétentions de ses mandants, sur les gisements de phosphates existant dans la propriété des « Ouled Cheick à Kalaâ-Djerda », de discuter les conditions auxquelles ils renonceraient à cette affaire, en déterminant d'une manière très précise, soit la quote part, soit la somme qui leur serait attribuée* et, à cet effet, signer toute convention et faire en un mot tout ce qu'il serait nécessaire.

Monsieur Bellot avait de son côté chargé Maître Bodoy, avocat défenseur, *du soin de ses intérêts.*

Maîtres Bodoy et Delmas, après de longs pourparlers en présence de Monsieur Fabry, Président du Tribunal de Tunis, et après avoir vainement cherché un terrain d'entente, ont été d'avis, sur le conseil de Monsieur le Président Fabry, d'engager leurs clients à soumettre à un arbitrage toutes les questions relatives aux gisements de phosphates sis à Kalaâ-Djerda (Djebel Sif, Djebel Souetir, Kalaâ-Djerda) soit que ces gisements dépendent de la propriété des Ouled Choik, soit qu'ils dépendent de la propriété des Ouleds-Slim.

Les soussignés ont d'abord décidé et convenu ce qui suit :

ARTICLE PREMIER

Toutes les questions généralement quelconques relatives aux droits que les différents groupes prétendent avoir sur les gisements de phosphates ci-dessous énumérés seront soumises à la décision souveraine de trois arbitres.

ARTICLE DEUXIÈME

Les parties choisissent pour arbitres :

Premièrement Monsieur le Baron d'Anthouard de Wasserwas, Secrétaire d'Ambassade, délégué à la Résidence Générale de France à Tunis, officier de la Légion d'Honneur, désigné par l'accord de toutes les parties; deuxièmement Monsieur Auguste Ventre, ancien Président de la Chambre de Commerce, chevalier de la Légion d'Honneur, désigné par Monsieur Bellot, et troisièment Monsieur Gabriel Bonnet, propriétaire viticulteur à Tunis, désigné par le groupe Targe et par Messieurs Rouquerol et Mercier.

ARTICLE TROISIÈME

Les trois arbitres jugeront comme amiables compositeurs et règleront, de la manière qui leur paraîtra convenable, le mode d'instruction, de communication de pièces et mémoires, de comparution des parties, des débats devant eux et de prononciation de la sentence arbitrale, sans être tenus d'observer les formes et règles des procédures et législations, françaises et étrangères

ARTICLE QUATRIÈME

Les arbitres devront donner aux questions qui leur sont soumises une solution définitive, permettant d'une manière quelconque l'exploitation immédiate des gisements de phosphates dont s'agit et ce dans l'intérêt tant des parties en cause que de l'ordre public.

La sentence arbitrale rendue par les trois arbitres amiables compositeurs ci-dessus nommés, ne sera dans aucun cas susceptible d'appel, elle ne pourra être attaquée, ni par voie d'opposition à son exécution, ni par pourvoi en cassation, ou requête civile, elle sera définitive et souveraine.

Les parties pourront être présentes à l'arbitrage si bon leur semble, mais elles donnent mandat à Maître Delmas pour les deux groupes qui lui ont déjà donné procuration, et à Maître Bodoy pour Monsieur Bellot, de soutenir toutes leurs prétentions devant les arbitres.

La sentence arbitrale devra être rendue dans le délai de trois mois.

Fait en autant d'originaux que de parties intéressées.

Tunis, le vingt-cinq juin mil neuf cent deux.

Lu et approuvé, signé E. Bellot. Lu et approuvé, signé : Par procuration de Messieurs Targe, Loiseleur, Durieux et Revolon, Morel et Péloni, signé Delmas. Lu et approuvé. Procuration de Messieurs Mercier et Rouquerol, signé Delmas.

Nous soussignés arbitres, acceptons la mission qui nous a été confiée par les parties et prenons l'engagement de rendre notre décision dans le délai de trois mois du compromis.

Tunis, le premier juillet mil neuf cent deux, signé : Aug. Ventre, G. Bonnet et D'Anthouard.

Nous soussignés :

J. Durieux, S. Revolon, J.-F. Targe, Péloni, Morel, Loiseleur,

Donnons par les présentes pouvoir à Monsieur Delmas, avocat à Tunis, d'accepter et signer un compromis aux termes duquel toutes les questions relatives aux gisements de phosphates de Kalaâ-Djerda seront soumises au jugement de trois arbitres, qui statueront souverainement et sans aucun recours ordinaire ou extraordinaire.

Fait à Tunis, le vingt-quatre juin mil neuf cent deux. Lu et approuvé. Signé : Durieux, J. Targe. Lu et approuvé. Loiseleur. Lu et approuvé. Signé : Morel. Lu et approuvé. Signé : Peloni.

Annexé au compromis d'arbitrage passé le vingt-cinq juin mil neuf cent deux.

En marge existe la mention suivante :

Enregistré à Tunis, le trente-un juillet mil neuf cent deux, folio cinquante-un, case cinq, reçu un franc. Signé : J. Barès.

Nous soussignés :

Mercier et Rouquerol, donnons par les présentes pouvoir à Monsieur Delmas, avocat à Tunis, d'accepter et signer un compromis aux termes duquel toutes les questions relatives aux gisements de phosphates de Kalaâ-Djerda seront soumises au jugement de trois arbitres, qui statueront souverainement et sans aucun recours ordinaire ou extraordinaire.

Fait à Tunis, le vingt-quatre juin mil neuf cent deux. Lu et approuvé. Signé : Mercier. Lu et approuvé. Signé : Rouquerol. Annexé au compromis d'arbitrage passé le vingt-cinq juin mil neuf cent deux.

Enregistré à Tunis, le trente un juillet mil neuf cent deux, folio cinquante-un, case six, reçu un franc. Signé : J. Barès.

SENTENCE

L'an mil neuf cent deux et le mardi vingt-neuf juillet, à deux heures,

En la Résidence française à Tunis,

Premièremement. — Monsieur le baron d'Anthouard de Wasserwas, secrétaire d'ambassade, délégué à la Résidence générale de France à Tunis, officier de la Légion d'honneur ;

Deuxièmement. — Monsieur Auguste Ventre, ancien président à la Chambre de Commerce. à Tunis, chevalier de la Légion d'honneur, demeurant à Tunis ;

Troisièmement — Monsieur Gabriel Bonnet, propriétaire viticulteur, demeurant à la Manouba ;

Se sont réunis pour rendre la sentence arbitrale qui va suivre au compromis d'arbitrage signé à Tunis, le vingt cinq juin mil neuf cent deux, par Monsieur Ernest Bellot, d'une part, et par Monsieur Delmas, avocat, au barreau de Tunis ; d'autre part, celui-ci agissant au nom et comme mandataire de Messieurs Targe, Durieux et Revolon, Péloni, Morel, Loiseleur, Mercier et Rouquerol, suivant procurations annexées, aux termes duquel compromis les parties sus nommées ont choisi pour arbitres : premièrement, monsieur le baron d'Anthouard, désigné d'un commun accord ; deuxièmement, monsieur Ventre, désigné par Monsieur Bellot; troisièmement, Monsieur Bonnet, désigné par Messieurs Targe et consorts, à l'effet de juger souverainement comme amiables compositeurs, sans appel ni recours quelconque. toutes les questions concernant les gisements de phosphates sis à Kalaâ-Djerda (Djebel Sif, Djebel Souetir et Kalaâ-Djerda) sur lesquels les parties en cause prétendent avoir des droits, avec mission de donner aux questions pendantes une solution définitive permettant d'une manière quelconque l'exploitation immédiate des gisements dont s'agit.

Duquel compromis un double original est demeuré ci-annexé.

En conséquence, les arbitres soussignés, après avoir entendu les plaidoiries des avocats, après avoir examiné les dossiers qui leur ont été remis, pris connaissance des conclusions déposées par les parties, ont rendu la sentence arbitrale suivante :

Considérant :

Que Monsieur Bellot, le groupe Targe et Messieurs Mercier et Rouquerol revendiquent également le droit d'exploitation des gisements de phosphates de chaux sis à Kalaâ-Djerba (Djebel Sif, Djebel Souetir, Kalaâ-Djerda), constitué en habous privé au profit des Ouled Cheik.

Que les parties en cause se prévalent chacune de contrats passés avec les ayants-droit, des travaux qu'elles ont entrepris. des sacrifices qu'elles se sont imposés pour rechercher et déterminer la valeur desdits gisements.

Que des trois contrats sur lesquels s'appuient les revendications des parties, deux sont de nul effet, au regard des tiers, le contrat Mercier du mois de juin mil huit cent quatre-vingt-quatorze comme étant périmé, le contrat Targe du quinze novembre mil huit cent quatre-vingt quinze, comme ayant été déclaré nul par un jugement du Tribunal de Tunis, en date du vingt-quatre mai mil huit cent quatre-vingt-dix-sept, confirmé par arrêt de la Cour d'appel d'Alger du neuf mai mil huit cent quatre-vingt-dix-huit et, qu'en conséquence, un seul subsiste.

Que ce fait domine le débat, puisque si, les parties se sont engagés à considérer la décision des arbitres comme définitive et souveraine, il n'en est pas de même des tiers auxquels on ne pourrait opposer la présente sentence arbitrale.

Qu'au surplus les discussions juridiques provoquées depuis plusieurs années par les revendications des parties en cause n'ont abouti à aucune solution permettant de trancher le litige pendant, *puisque l'état d'incertitude de la législation tunisienne à l'époque où ont été signés les contrats ne permet pas de déterminer exactement les conditions de validité auxquelles était soumise la location des carrières de phosphates situées en bien habous,* avant le décret du premier décembre mil huit cent quatre-vingt-dix-huit, qui depuis a réglementé la matière ; qu'en conséquence *un nouvel examen juridique des contrats ne donnerait pas de meilleurs résultats, et qu'il convient de ne pas s'y arrêter.*

Considérant que les arbitres ont reçu mandat de donner aux questions qui leur sont soumises une solution définitive permettant *d'une manière quelconque* l'exploitation immédiate des gisements dont il s'agit, et ce dans l'intérêt des parties en cause et de l'ordre public.

Considérant que, pour les raisons exposées ci-dessus, *l'exploitation immédiate requise par toutes les parties ne peut être entreprise qu'au moyen des contrats de Monsieur Bellot, en date du dix août mil huit cent quatre-vingt-seize, enregistré, qui lient encore les dévolutaires actuels du habous sur lequel sont situés les gisements en question.*

Que si leurs contrats doivent être retenus comme instrument de la future exploitation, de préférence aux contrats Targe et Mercier, *ils ne sauraient constituer au profit de Monsieur Bellot un droit à la jouissance exclusive à réaliser* ; car ce serait faire peser sur le groupe Targe et sur Messieurs Mercier et Rouquerol les *conséquences des lacunes et des obscurités de la législation locale au moment où le litige pendant a pris naissance.*

Considérant que le groupe Targe et Messieurs Mercier et Rouquerol font valoir qu'ils ont découvert les dits gisements ; qu'ils ont fait des travaux et des dépenses pour en déterminer la valeur.

Que de son côté Monsieur Bellot a contribué aux dépenses de prospection et de mise en valeur desdits gisements ; que de plus *il est détenteur des seuls baux permettant l'exploitation immédiate demandée par les parties* ;

Que la transaction signé entre Messieurs Targe, d'une part, Messieurs Mercier et Rouquerol, d'autre part, n'a pu lier Monsieur Bellot ; Considérant que la Société constituée entre Messieurs Bellot, Mercier et Rouquerol a été dissoute par les motifs énumérés au jugement rendu par le tribunal civil de Tunis, le deux novembre mil huit cent quatre-vingt-dix-huit ;

Par ces motifs, décident, comme amiables compositeurs et souverainement, sans aucun recours ;

Dans le délai de six mois à compter de la signature de la sentence arbitrale, Messieurs Bellot et Peloni, ou, en cas de désaccord entre eux, Maîtres Bodoy et Delmas, *poursuivront la vente à l'amiable, moyennant le prix minimum de douze cent mille francs et une redevance minimum de soixante centimes par tonne de phosphates extraite,* des droits à l'exploitation des gisements dont il s'agit, tels qu'ils résultent des deux baux de Monsieur Bellot, en date du dix août mil huit cent quatre-vingt-seize (les mandataires) *ci-dessus désignés auront en outre à faire toutes démarches, à requérir toutes mesures qui seraient jugées nécessaires pour permettre aux deux baux en question de donner tout leur effet,* pour déterminer les limites définitives de la propriété sur laquelle sont situés lesdits gisements au moyen d'une application des titres sur les lieux, qui serait opérée par les soins d'un géomètre officiel.

Le produit de cette vente sera partagé entre les parties en cause dans la proportion indiquée ci-après, qu'il s'agisse d'une somme une fois payée ou de parts de redevances.

A Monsieur Bellot, cinq huitièmes. Au groupe Targe et à Messieurs Mercier et Rouquerol trois huitièmes, qui seront répartis entre eux dans la proportion suivante, savoir : cinq septièmes à Messieurs Targe et Compagnie, un septième à Monsieur Mercier, un septième à Monsieur Rouquerol.

En cas de difficultés quelconques entre Maîtres Bodoy et Delmas, ils choisiront un arbitre pour les départager et statuer en dernier ressort.

A l'expiration du délai de six mois ci-dessus fixé, les mandataires ci-dessus désignés pourront s'accorder un nouveau délai de trois mois pour poursuivre la vente à l'amiable.

Ce nouveau délai expiré, l'adjudication à la barre du Tribunal de Tunis, des droits sur les gisements de phosphates en question, sera poursuivie à la requête de la partie la plus diligente et il sera procédé à cette adjudication tant en l'absence que présence des autres parties dûment citées.

En tous cas de vente amiable ou par adjudication, il sera imposé à l'acquéreur ou adjudicataire l'obligation de payer, en sus de son prix, une somme de quarante mille francs destinée à satisfaire à l'engagement pris par Monsieur Bellot envers les dévolutaires du habous sur lequel se trouvent les gisements, de construire une zaouïa de cette valeur.

Le prix de la vente et le montant des redevances, ainsi que la somme de quarante mille francs indiquée ci-dessus seront versés à la Compagnie Algérienne à Tunis.

Les mandataires indiqués ci-dessus auront tous pouvoirs pour toucher et recevoir le prix de vente, donner bonne et valable quittance des sommes touchées, en faire l'emploi indiqué ci-dessus et la répartition entre les ayants-droit, et régler également le mode de paiement des parts de redevances.

La dette contractée par l'ancienne Société Bellot, Mercier et Rouquerol envers Monsieur Bugéia sera supportée et acquittée par ceux-ci dans la proportion suivante : savoir : pour es cinq huitièmes par Monsieur Bellot, pour les trois huitièmes par Messieurs Mercier et Rouquerol.

Toutes autres dettes contractées par l'une ou l'autre des parties seront supportées et acquittées par les débiteurs respectivement. selon leur droit et obligation.

La présente sentence arbitrale, à la majorité des voix, met fin d'une manière définitive à tous les litiges existant entre les parties à propos des gisements de phosphates dont il est question dans le compromis d'arbitrage.

De tout ce que dessus a été dressé le présent procès-verbal, signé par les arbitres, les jour, mois et an que dessus. Lu et approuvé, signé : Aug. Ventre. Lu et approuvé, signé : G. Bonnet, D'Anthouard.

ORDONNANCE

Nous Loison, juge au Tribunal civil de première instance de Tunis, faisant fonctions de président du dit Tribunal, en remplacement de Monsieur Fabry, président ; Dubois et Fropo, vice-présidents et de tous autres magistrats plus anciens légalement empêchés ou en congé régulier, assisté de Monsieur Crovaro, commis-greffier.

Vu la sentence arbitrale qui précède ;

Attendu que cette sentence *est régulière en la forme et qu'elle ne contient rien de contraire aux lois et aux bonnes mœurs.*

Ordonnons qu'elle sera exécutée selon sa forme et teneur. Délivré au Palais de Justice à Tunis, le trente-un juillet mil neuf cent deux, signé : Le président Loison, le commis-greffier Crovaro. En marge existe la mention suivante : Enregistré à Tunis, le trente-un juillet mil neuf cent deux, folio cinquante et un, case trois, reçu un franc, signé : J. Barès.

En conséquence, le Président de la République Française mande et ordonne à tous huissiers sur ce requis de mettre la présente sentence à exécution.

Aux Procureurs Généraux et aux Procureurs de la République près les Tribunaux de première instance d'y tenir la main. A tous commandants et officiers de la force publique de prêter main forte lorsqu'ils en seront légalement requis.

Pour grosse conforme :

Le Greffier,

Signé : SAUNIER.

IMPRIMERIE CII. LÉPICE, MAISONS-LAFFITTE

www.ingramcontent.com/pod-product-compliance
Lightning Source LLC
Chambersburg PA
CBHW061110050726
47594CB00005B/1870